LA PERRA DE ESTA CASA

LA PERRA DE ESTA CASA

SARA OLIVAS

Valparaíso
EDICIONES

Número 494 de la Colección VALPARAÍSO DE POESÍA
dirigida por FEDERICO DÍAZ-GRANADOS

Diseño de la colección: Chari Nogales

Maquetación: Ciclo Creativo

Diseño de portada: Patricia Barrachina

Primera edición: octubre de 2025

© De los poemas: Sara Olivas

© Valparaíso Ediciones
C/ Fray Leopoldo, 7 bajo, 18014 Granada
www.valparaisoediciones.es

ISBN: 979-13-87538-52-1
Depósito Legal: GR 1163-2025

Impreso en España - *Printed in Spain*
Gráficas Gami

LA PERRA DE ESTA CASA

A Rigoberta.
Y a todas las perras que nacieron antes que yo.
Aprendimos a ladrar antes que a hablar.

PRÓLOGO

La perra de esta casa aprendió a arañar antes de nacer.

A las perras se las deja fuera, en el balcón, en el patio, en la calle. Bien atada la correa para evitar que se vayan.

Pero por qué me atas, por qué me dejas aquí a la espera si dices que no, que no soy de esta casa, que no soy de tu sangre, que no soy, que no quieres, que no.

Las uñas de la perra conocen bien la estructura interna de la madera. Conoce bien la perra el dolor punzante de la astilla que se clava, conoce bien el papel sobre el que va a escribir, y el papel que se le ha asignado para la obra de esta casa. Una perra que aprende a dormir donde la luz nunca se apaga, donde el ruido no cesa, donde no se dice nada.

La correa sabe a cordón umbilical. El cuerpo que lleva al cuerpo, al miedo a parecerse a la primera casa.

Las uñas con las que arañó el útero, con las que arañará las puertas. Astillas.

La melena, el pelo, las liendres.

La luz siempre encendida.

La perra de esta casa está abierta a la recepción de la caricia y del lenguaje. Abierta, sucia y abierta, despierta en una noche de luz —artificial— infinita. La perra de esta casa te recibe y ofrece los escombros que hoy son poemas. Los trocitos de la infancia, los trocitos de la hija no deseada, no esperada, no querida, que se abre al amor de su abuela y a las uñitas afiladas de la madre gata que no sabe decir te quiero.

Tanto amor en la vergüenza de una melena infantil que se corta con la aparición de la liendre.

Como se corta de manera abrupta la infancia, pasó la perra del juego a la vergüenza; la culpa, el abandono.

Dibuja la niña ventanas con las manos abiertas; la niña preciosa, la niña sucia, la niña sangre en una noche de diciembre que se presenta inusualmente cálida; pero cuánto frío entonces, cuánto frío esperaba entonces en la casa para la niña – perra, la perra de esa casa.

La perra de esta casa, también niña, también mujer que (se) parte y regresa nos muestra el amor desde la ausencia.

Y se ofrece en este libro abierto a mostrarse y ser leída. Tendrás que avanzar con cuidado a la caricia de la lectura, y no temas si notas que los versos se tensan: aún no están acostumbrados al amor, pero no muerden. Esta perra no muerde a quien la lee, a quien la escucha, a quien la quiere.

Quiere, no puede, muere.

Espera, entra en esta casa, que también es tuya, que vamos a sentir nuestra, porque Sara nos abraza y nos acoge, como perras que también fuimos, como perras que somos, en las casas que nombramos nuestras.

ADRIANA BAÑARES

Madre está a punto / **Es un día importante y feliz** / Mi primer trauma llega / El primero/ El primero de mis primeros traumas / Las piernas de Madre se abren al mundo / La cama se mancha / Las sábanas ya no son blancas / **Voces que no conozco hablan** / Hablan en un lenguaje que no comprendo todavía / Empuja / Fuerte / Venga / No / Mi primer trauma / El primero / El primero de mis primeros traumas / **Nadie escucha mi llanto** / Desde dentro no se oye la voz que aún no tengo / Es un día importante y feliz / Es diciembre y hace frío / Empuja / Fuerte / Venga / **¿Dónde está mi abuela?** / Fractura / Pulsión / La cabeza no puede / Mi cabeza no puede salir / El agujero es estrecho y viscoso y oscuro / Empuja / Fuerte / Venga / Es un día importante y feliz / Es diciembre y hace frío / Salgo / No salgo / Mi primer trauma / No / **No quiero** / Lloro / Las piernas de Madre no pueden cerrarse / Las manos de mi abuela / ¿Dónde está mi abuela? / **La cama se mancha** / Las sábanas ya no son blancas / Salgo con la cabeza hacia delante y cuatro kilos de carne / Mi primer trauma / **La voz que no conozco dice que es una niña preciosa** / No comprendo el sentido de esa voz / No comprendo la ruptura / Es un día importante y feliz / Mi primer trauma llega / El primero / El primero de mis primeros traumas / Estoy sucia / Y viva.

IRSE

Quiero. Quiero. Quiero. Quiero. Quiero. Quiero. Quiero.
Quiero. Quiero. Quiero. Quiero. Quiero. Quiero.Quiero.
Quiero. Quiero. Quiero. Quiero. Quiero. Quiero. Quiero.
Quiero. Quiero. Quiero. Quiero. Quiero. Quiero. Quiero.
Quiero. Quiero. Quiero. Quiero. Quiero. Quiero. Quiero.
Quiero. Quiero. Quiero. Quiero. Quiero. Quiero. Quiero.
Quiero. Quiero. Quiero. Quiero. Quiero. Quiero. Quiero.
Quiero. Quiero. Quiero. Quiero. Quiero. Quiero. Quiero.
Quiero. Quiero. Quiero. Quiero. Quiero. Quiero. Quiero.
Quiero. Quiero. Quiero. Quiero. Quiero. Quiero. Quiero.
Quiero. Quiero. Quiero. Quiero. Quiero. Quiero. Quiero.
Quiero. Quiero. Quiero. Quiero. Quiero. Quiero. Quiero.
Quiero. Quiero. Quiero. Quiero. Quiero. Quiero. Quiero.
Quiero. Quiero. Quiero. Quiero. Quiero. Quiero. Quiero.
Quiero. Quiero. Quiero. Quiero. Quiero. Quiero. Quiero.
Quiero. Quiero. Quiero. Quiero. Quiero. Quiero. Quiero.
Quiero. Quiero. Quiero. Quiero. Quiero. Quiero. Quiero.
Quiero. Quiero. Quiero. Quiero. Quiero. Quiero. Quiero.
Quiero. Quiero. Quiero. Quiero. Quiero. Quiero. Quiero.
Quiero. Quiero. Quiero. Quiero. Quiero. Quiero. Quiero.
Quiero. Quiero. Quiero. Quiero. Quiero. Quiero. Quiero.
Quiero. Quiero. Quiero. Quiero. Quiero. Quiero. Quiero.
Quiero. Quiero. Quiero. Quiero. Quiero. Quiero. Quiero.
Quiero. Quiero. Quiero. Quiero. Quiero. Quiero. Quiero.
Quiero. Quiero. Quiero. Quiero. Quiero. Quiero. Quiero.
Quiero. Quiero. Quiero. Quiero. Quiero. Quiero. Quiero.

Nací en diciembre
en vísperas de nochebuena
en un día cálido para ser
diciembre.
Mamá empujó muy fuerte
pero las primeras manos que me sostuvieron
fueron las de mi abuela.
Papá estaba en el bar
asumiendo lo que se le iba a venir
encima.
Otra niña más.
Él quería un futbolista
o un varón que le sacara de pobre.
Ni una cosa
ni la otra.
Al salir del bar
y al cruzar la puerta
y al verme pequeña e
indefensa
ese día de diciembre
vísperas de nochebuena
de repente:
el frío.

No sé cómo explicaros lo que vivo
en esta casa.
Ojalá tapara mis ojos
con papel de flores pintado
para que nunca sepáis del horror
para que nunca conozcáis el horror.
La sal pesa en mi cuerpo y me hace flotar.
Y me siento leve y suave y flaquita.
No hay palabra que no exista.
Salto los charcos con los ojos cerrados
y sin zapatos. Es invierno.

Dibujo ventanas en las manos

                                    abiertas.

Para airear / la mentira.
Para tantear / la fuga.

Ventanas
dibujadas con líneas rectas
y tinta invisible
sobre el gotelé
que abre la cabeza

                                    de la niña.

De pequeña jugaba a las muñecas
y construía casas imaginarias
sin tabiques ni muebles
pero cómodas y seguras.
Creaba familias perfectas.
Papá no existía.

Contarlo todo.
Contarlo todo
a través del silencio.
En las esquinas de esta casa
están mis seis años gritando:
—Mamá, vuelve.
Todo.
Contarlo todo.
Pero en esta casa ya no se oye nada.
Silencio.
Mis seis años se han ido y no vuelven.
Mamá tampoco.

Me han preguntado tantas veces
de qué color es mi dolor
si hace juego con mis ojos
o la palma de mis manos.
Si es azul como el fuego
o rojo como la nube.
A qué sabe la penumbra
de esta habitación sin sol
que se esconde entre mis
costillas finas y afiladas.
Si del agua estancada de mi boca
han nacido las larvas de la palabra.

Mi dolor no tiene color.
Todavía no sé hablar, mamá.

Voy a enseñarte lo que es el amor
a partir de la ausencia.
Atravesar el vientre del verso
y acunarlo hasta que
duerma.

No existen nanas a la muerte
de las hijas que viven dentro del
tiempo.

Tensar la cuerda
para dominar el llanto.
Cortar los hilos restantes
para levantarme
cada mañana.
Solo eso.

Si mis dientes cayeran
                        uno
                              por
                                    uno.
Mi boca sería túnel
abierto a la palabra.

El venenoso coágulo impide
la articulación natural
de tu deseo de hablar
con voz de bestia.
Eva Gallud

Tu voz de niña desea hablar
como lo hacen las fieras.
De igual a igual
para transformar el dolor
del bloqueo — del silencio
en un lenguaje que entiendas.
No es comprensión lo que busco.
No es la comprensión.
Es mi manera de
reconocerme
humana
ante ti.

Camino con más miedo que el habitual
desde que pasé los veinticinco.
Desde que me senté en aquel sofá
a contarle a una desconocida que solo
me seguía por Instagram
que papá me pegaba de niña,
que mamá nunca lloró mi ausencia,
que temo que me quieran
más que que me violen.
No se puede temer
a lo que una ya conoce.

QUEDARSE

No puedo. No puedo. No puedo. No puedo. No puedo.
No puedo. No puedo. No puedo. No puedo.No puedo.
No puedo. No puedo. No puedo. No puedo. No puedo.
No puedo. No puedo. No puedo. No puedo. No puedo.
No puedo. No puedo. No puedo. No puedo. No puedo.
No puedo. No puedo. No puedo. No puedo. No puedo.
No puedo. No puedo. No puedo. No puedo. No puedo.
No puedo. No puedo. No puedo. No puedo. No puedo.
No puedo. No puedo. No puedo. No puedo. No puedo.
No puedo. No puedo. No puedo. No puedo. No puedo.
No puedo. No puedo. No puedo. No puedo. No puedo.
No puedo. No puedo. No puedo. No puedo. No puedo.
No puedo. No puedo. No puedo. No puedo. No puedo.
No puedo. No puedo. No puedo. No puedo. No puedo.
No puedo. No puedo. No puedo. No puedo. No puedo.
No puedo. No puedo. No puedo. No puedo. No puedo.
No puedo. No puedo. No puedo. No puedo. No puedo.
No puedo. No puedo. No puedo. No puedo. No puedo.
No puedo. No puedo. No puedo. No puedo. No puedo.
No puedo. No puedo. No puedo. No puedo. No puedo.
No puedo. No puedo. No puedo. No puedo. No puedo.
No puedo. No puedo. No puedo. No puedo. No puedo.
No puedo. No puedo. No puedo. No puedo. No puedo.
No puedo. No puedo. No puedo. No puedo. No puedo.
No puedo. No puedo. No puedo. No puedo. No puedo.

No hace cambios en su casa, sólo la pinta algunas veces.
Y si algo se rompe, se tira y ya está.

Louise Glück

Los días se rompen
como la figurita de boda de mamá y papá.
Observo los trozos en el suelo
y suspiro ante un mundo hecho pedazos.
Lo bello se encuentra en los rotos
y escombros de esta casa.
Solo hay que saber mirar.

Esta casa oscura y sin ventanas
la construí yo. Uní los retales descosidos
de la infancia, mastiqué el papel de cocina
hasta ser cemento y pasta indefinida,
y arañé las puertas.

Sobre cimientos inestables y apegos hambrientos
de carne, busco la imagen perfecta de esta casa.

Las astillas en mis uñas me recuerdan
que destruí para construir.

Los marcos abrazan fotografías invisibles
de bodas, bautizos y funerales en los que
aún no estoy yo.

La miro con conciencia y observo cada arruga saliente,
cada nuevo surco en su piel cansada.
Me pregunto si algo de mí está en ella
o si algo de ella se ha quedado en mí.
En las fotos, mamá le sonríe al abuelo
mientras el abuelo la abraza
como si fuera a bailar con ella un *agarrao*,
un pasodoble en la plaza mayor del pueblo.
Cuando crezcas tendrás mi nariz,
esa nariz que tanto odias,
aprenderás a lavar calzoncillos,
a freír huevos sin que se te rompa la yema,
a callar cuando el dolor erecto penetre en tu costra.
En su silencio ya no habita la culpa
porque la culpa se hereda.
Abuela tras Madre
Madre tras Hermana
Madre tras de mí.
Cuando era pequeña no quería tener su nariz.
Y ahora que la tengo, lo único que quiero
es solo parecerme en eso a ella.

Inventamos un diccionario del amor
para decirnos lo que no nos atrevemos.

Escribo que la nostalgia no existe
entre nosotras. Que nada nos une
más que el recuerdo del día que nací
y no me quisieron. Que la añoranza
y la pena han encontrado su sinónimo
en palabras graves como el miedo,
la rabia, el asco.

No existe comunicación entre nosotras.

Cada mañana, saca el pan que nunca faltó
en mi desayuno. Otras veces, plancha la arruga
de mi vestido rosa o enhebra la aguja
para ajustar los pantalones nuevos.

Desde siempre esta ha sido la casa
del silencio. Silencio después del insulto,
después de la hostia. También
después de la alegría.

Mi madre nunca debió soñar con el futuro.
¿Qué vacío vinimos a llenar? Diez son muchos.

Diez son muchos años de diferencia.

Al entregarnos a las manos de la vida,
nos cedió un trocito de su muerte.

Compartimos cuchara, vaso y sofá.
Compartimos la misma herida. Y,
aunque nos apena saberlo,
seguimos sin decirnos

n a d a
o
t e q u i e r o.

En el patio de la casa de Abuela
la yedra trepa por las paredes.
Yo ya tengo nueve años y
he visto a esa raíz convertirse
en árbol.

Mamá saca la silla de plástico
y la toalla, el peine y el vinagre.
Todavía no sé por qué hemos salido
corriendo de la fiesta. Yo quería
seguir jugando con las niñas en
el parque y papá beber hasta
agotarse el agua.

Las mujeres de la casa
—que son todas menos dos—
van de un lado para otro.
Yo sigo quietita en la silla.
Obedezco la orden de mamá
y sigo mirando esas hojas
verdes que se agarran con fuerza
a la pared.

Abuela me mira sin verme en el umbral.

Le dice a mamá cómo debe de proceder.

Vinagre—peine—*poal*.

Mi cabellera es el laberinto eterno
de esos bichos de colegio.
¿Serán hojas? ¿Seré yo el tronco
al que amarrarse? ¿Será mi cabeza
un buen lugar para vivir?

Un simple acontecimiento.
Mamá ve la liendre, me saca del parque,
me lleva a la casa. Papá no me perdonará
haberle fastidiado otro domingo sin beber.

En la cocina preparo un té caliente
para masticar la ansiedad
como melón en verano.

Ansiedad que proviene de esta casa.

En esta casa el silencio no
                              existe.

Frente a la migraña
almohadas ahogadas
sobre mi
          cabeza.

El berrido cruza la puerta
de entrada.

Pisadas de elefante
en la madrugada
                del pasillo
eterno.

Abro el ojo y lo cierro después.
Mantengo el cuerpo despierto en la cama
mientras oigo al pasillo gritar por los pasos
del toro cansado.

Arrastra sus piernas como quien arrastra la silla de ruedas
de quien le dio la vida como si fuera carrito de la compra
vacío.

Esta casa es un domingo de plaza abarrotada,
de niñas despiertas—cansadas que se esperan
el pañuelo blanco—el saludo—el aplauso.
Cuando el toro se sube el pantalón
se abrocha el cinto y se va
para siempre—para un rato

de esta casa.

Últimamente tengo miedo a morir abrasada en un incendio.

ANGÉLICA LIDDELL

No se puede habitar la ruina
ni encender el fuego sin saber cocinar.

Mi padre quemó parte de esta casa
y buscó culparme.

Mientras yo calentaba la silla en la universidad,
el fuego avivó el desastre.

Mi futuro durmió entre cenizas.

Cuántas veces tachó mi nombre de la pizarra de la nevera
para hacerme desaparecer. Como quien trata de borrar
las huellas en la arena. Como si fuera aire,
como si fuera ola de mar.

Yo fui otro error en su bolsillo.
Un disparo seminal a la entrepierna de mi madre.
Otra boca a la que dar de comer
y a la que hacer callar después.
Él pensó que no pincharía en hueso,
que clavaría su estoque y nacería
Roberto o Marcos o Miguel.
Pero, nací yo, que aprendí a escribir
antes que a hablar.

Mi nombre jamás en blanco
y en la pizarra de la nevera
junto al dibujo infantil
siempre se pudo leer:
Para mamá de Sara.

Cae la primera lágrima
como la gota de café
                    se desliza
por la cuchara de madera.

En esta casa, los objetos
susurran a mi espalda.

Pasan las horas
como la horquilla que recoge
mi pelo
                    detrás de las orejas.

Caen las lágrimas
confundidas con el primer desayuno
                    de los tiempos.

Algunas llegarán a la noche
cansadas de un llanto
                    sin nombre ni motivos.

Pasan los días
y en esta casa
el café
                    nunca sabrá dulce.

Otra vez se apaga la luz a mediodía.

ANGÉLICA LIDDELL

Otra vez la luz encendida a las cuatro.
Como si el sueño fuera ligero a esas horas.
Primero el pasillo
después el baño
la cocina
y el comedor.
No culpo a las próstatas apretadas
ansiosas por disparar.
Nunca se es demasiado viejo
para orinar desvelos ni provocar insomnios
con neveras abiertas y alimentos ultraprocesados.

¿Alguna vez se podrá dormir en esta casa?
¿Alguna vez se apagará la luz en esta casa?

He escondido el odio entre los cojines del sofá.

Ahora apoya su cabeza
sobre la sopa caliente que arrojé en su pecho,
el bufido al cambiar de canal
y la paliza en Nochebuena.

Su sueño ya no es ligero.
Aunque tampoco la culpa le reconcome.

Ya no le grito a mi padre
y eso le duele.

Esa voz que ya no tienes
esa voz que te robaron
esa voz que
esa voz
esa

ha podido salvarte.

A Adriana.
La que me salva cada semana desde su sofá.

¿Cuándo estaré curada?
Le pregunto a quien me clava en el sofá
menos de lo que cuesta un libro.

¿Estoy tan loca como dicen?

Quiero que me arranquen del cuello
la soga de mi estirpe.

Caminar segura y sola por las calles oscuras de esta casa
sabiendo que no lo estoy.

Llamar mamá a mamá

y papá a papá
y que el odio de mi vientre se arroje
como agua de lluvia en un campo
seco.

Le pregunto a quien me clava en el sofá
cuándo estaré curada. Como si el maltrato
y el abandono fuera una enfermedad crónica
claramente diagnosticada.
No estás loca ni enferma
No estás enferma ni loca.
Gracias por saber de mi pobreza
y no culparme.

Respiro luego no respiro
otra vez después
pulmón abierto.

Es difícil alcanzar la velocidad un segundo.
Es difícil intuir el aullido en boca cerrada.
Conocer el cansancio del silencio
y ofrecerle tu mano.

Sacar el cuchillo del tercer cajón
y guardarlo en el bolsillo de la chaqueta.

Vaciar los vasos de orina y heces
y cocinar la mezcla con el guiso para el sin dientes.

Pisar las uvas después de ocho horas en tacones
y servir el vino en la copa más cara.

Deshacer el coágulo del mes vencido con las uñas
y restregárselo en la cara mientras duerme.

Apuntar en la cabeza con el arma escondida en la lengua
a quien gritó:

—*En qué mala hora eché aquel polvo con tu*

madre.

Eso es
llegar a casa.

A veces, soy una adolescente que,
a sus veintiocho años,
todavía tiene que avisar en casa.

Esta noche dormiré fuera.

Busco despertar el enfado y
la preocupación en ti, mamá.
Ya he probado a qué sabe
la tristeza y nada duele más
que la indiferencia.

Compartimos esquina al final de la noche
y me agarro a su vientre como animal indefenso.
El toro me observa
desde su barrera-sofá-sofá-barrera.
Hoy, en esta casa, estoy yo.
Combate cuerpo a cuerpo.
¿A quién quiere más mamá?
Dile a mamá
que fui la hija no deseada.
Que, por eso, desde dentro
del útero-casa-casa-útero
ya arañé las paredes
con las uñas.
Cómo voy a querer nacer
si ya me expulsan antes de tiempo,
si ya me insultan en una lengua
que no comprendo.
—*Tú no eres mi hija.*
Tampoco me preguntaron
si quería que tú fueras
mi padre.

Desde tu altura nunca supiste
verme. Como no vio el bosque
quien nunca salió de su casa.

Una paloma se ha posado
en el hueco de la ventana
y me observa desde fuera.

Este encierro distorsiona
la poca libertad que me queda.
Y se ríe porque sabe que nunca
lograré salir de esta casa.

En su pupila se dibujan cuatro sombras que
intuyo nuestras y me pregunto
cómo puede caber mi familia
en un grano de arroz.

Estoy en el camino que me corresponde.
Que merezco, que soñé de niña, digo.

Las piedras que encontré construyeron
mi nueva casa. El tejado sigue invisible,
pero me acurruco en mis grietas y escribo
sobre la ausencia con los pelos que crecen
de mis piernas.

No le temo a nada
—salvo a la enfermedad y a la muerte—.

Aprendí a ocultar el miedo y a guardarlo en el armario
como píldora anticonceptiva. Ahora, dejo la puerta
entreabierta para que se vaya. Al fin y al cabo,
será lo único capaz de salir
—ileso— de esta casa.

PARTIRSE

Muero. Muero. Muero. Muero. Muero. Muero. Muero.
Muero. Muero. Muero. Muero. Muero. Muero. Muero.
Muero. Muero. Muero. Muero. Muero. Muero. Muero.
Muero. Muero. Muero. Muero. Muero. Muero. Muero.
Muero. Muero. Muero. Muero. Muero. Muero. Muero.
Muero. Muero. Muero. Muero. Muero. Muero. Muero.
Muero. Muero. Muero. Muero. Muero. Muero. Muero.
Muero. Muero. Muero. Muero. Muero. Muero. Muero.
Muero. Muero. Muero. Muero. Muero. Muero. Muero.
Muero. Muero. Muero. Muero. Muero. Muero. Muero.
Muero. Muero. Muero. Muero. Muero. Muero. Muero.
Muero. Muero. Muero. Muero. Muero. Muero. Muero.
Muero. Muero. Muero. Muero. Muero. Muero. Muero.
Muero. Muero. Muero. Muero. Muero. Muero. Muero.
Muero. Muero. Muero. Muero. Muero. Muero. Muero.
Muero. Muero. Muero. Muero. Muero. Muero. Muero.
Muero. Muero. Muero. Muero. Muero. Muero. Muero.
Muero. Muero. Muero. Muero. Muero. Muero. Muero.
Muero. Muero. Muero. Muero. Muero. Muero. Muero.
Muero. Muero. Muero. Muero. Muero. Muero. Muero.
Muero. Muero. Muero. Muero. Muero. Muero. Muero.
Muero. Muero. Muero. Muero. Muero. Muero. Muero.
Muero. Muero. Muero. Muero. Muero. Muero. Muero.
Muero. Muero. Muero. Muero. Muero. Muero. Muero.
Muero. Muero. Muero. Muero. Muero. Muero. Muero.
Muero. Muero. Muero. Muero. Muero. Muero. Muero.
Muero. Muero. Muero. Muero. Muero. Muero. Muero.

Yo soy tu gran obra.

SYLVIA PLATH

Parirás a una cierva herida.

Tus ojos quedarán del revés
vacíos
por no querer

ver.

El milagro de la naturaleza
es un monstruo con tu misma nariz

y manos.

Dar vida nunca será un regalo.

Se desprende por mi lengua
la herida del nacimiento.
Resbalo con la faldita abierta
y me quemo los muslos.
Al sol, mis piernas,
son un error de cálculo
en la mirada.
No encuentro la distancia
de la casa al centro, del centro a la casa.
¿Quién me vio antes caer?
He olvidado cómo se nace.

Estoy en el inicio.
Coloco la yema de mi dedo
sobre el punto del círculo.
Dibujo dentro de él
a una hija con su madre.
¿Somos tú y yo?
No recuerdo quién nos hizo la fotografía,
pero no debía querernos demasiado.

¿De dónde eres?
La suela se desgasta como animal calcinado
tras la cortina del desastre.
Veo una sombra y le sonrío
aunque ella no puede olerme.
Llevo puesto mi mejor vestido.
El mismo con el que le pedí a Cristo
que bajara para salvarme.
Yo tampoco soy de aquí.

Con los años encima
esparzo todos mis recuerdos
sobre la tierra seca y me pregunto:
qué queda de esa niña, qué queda de mí.
Todavía llevo el color del mar en mis uñas.

Me gusta pensar que no siempre fue así.
Que hubo un momento,
tal vez ayer o tal vez nunca,
que mi cuerpo se abría a la caricia
como el gato sumiso y callejero
que aprovecha el rayito de sol
para acurrucarse ante una mano
desconocida y amiga.

Me gusta pensar que hubo un día
que inicié el salto del placer
al sentir mi sexo querido por su lengua
o por el traqueteo intenso de aquel autobús
rumbo a Granada.
Podrá la mente borrar el daño,
cubrirlo recuerdo tras recuerdo
y bloquearlo con movimientos oculares
como el bolígrafo que usó aquella mujer
para arrinconar ese primer momento
de su mano sobre mí.
Pero mi cuerpo siempre se tensará
como el arco de la histeria
cuando un solo dedo roce
mi tobillo mal curado.
Porque la piel tiene memoria
y la memoria siempre vuelve
aunque la duda se interponga
ante mi verdad que nunca será la vuestra.

Estoy abierta a la recepción del lenguaje
como cuando niña abrí los brazos
al cristo crucificado
y a la hostia consagrada.

Hay palabras que no deberían existir.
Que no deberían respirar
en el vocabulario de la infancia.

Introduzco el verbo en la boca
y juego con sus letras en mi paladar
para transformarlo en
sustantivo adjetivo
insinuación advertencia

Nunca será lo mismo

                                        violar

que ser violada.

Oigo una voz que me interroga.
Cuestiona mi comportamiento
ante el hombre desconocido
con el que me bebo una cerveza.

—*Mañana podrías estar muerta.*

Nadie sabe de esta cita. Y nadie
lo sabrá a menos que salga

                                        bien.

    —Eres carne de cuneta.

Me desnudo solamente de cintura para bajo
y niego. Niego con la cabeza.
Evito el contacto visual.
No quiero convertirme
en piedra.

    —Tu tumba será de estiércol.

No sé si soy yo la que me habla.
No encuentro familiaridad en aquella voz.
Quizá un día me cuente cosas bonitas.
Tendré que volver a nacer en otra vida,
anular la cita o pedirme una Coca-Cola.

A María, la otra abuela.

En la casa de mi abuela, se oía antes el canto
del gallo que las coplas y los fandangos.

Por las mañanas, rebuscaba entre la tierra
alguna nota sobre su infancia, algún quejío
de las mujeres guardado en el bolsillo
del delantal, algún rastro de felicidad
                                                    bajo las uñas.

De lunes a lunes se juntaban en la mesa
para devorar el mismo caldo de cada día.
Y por las noches, apretaícos se contaban
los sueños con los que despertarían
después.

Para mis manos tumbagas,
para mis caprichos monedas.
Y para mi cuerpo lucirlo:
mantones bordados, vestidos de seda.

A los diecisiete dejó la tierra y su sangre
para buscar su rostro sobre el mar. No
lo encontró. Tampoco los mantones,
ni los caprichos, ni el *maldito parné.*

Serás más que reina, le dijo aquel payo
y ella le creyó. Cargó su cruz
sobre la espalda como cuando hundió

sus seis años sobre el lomo de la mula.
Envidio tu suerte, decían algunas
y el pueblo giraba la espalda

al verlos pasar.

No vieron los ojitos *moraos*
ni el pómulo a juego
de tanto sufrir.

Hoy sé que se llama María
por aquella canción.

Llegas tarde
pero no importa
has llegado.

Cuántas veces he pronunciado esas dos palabras
metidas en cuatro sílabas átonas
que carecen de significado
solas
por sí mismas.
Llego tarde
siempre.
Al café, al orgasmo,
                                    a la vida.
No fui yo
                                    sola.
Paca ya lo escribió
y después tantas otras
                                    lenguas.
No he vivido
apenas
porque siempre
habrá alguien
encima de mí.
En la cama, en la escalera,
                                    en la vida.
Llegas tarde.
Como siempre.

Pero al menos,
has llegado.
Y eso es lo que importa.

Debo aprender a perdonarla
hacer las paces con ella
no quiero ser una madre
en deuda con la vida.

Abrazo al gato
como quien abraza
a la hija recién nacida
para convencerme de que

algún día
podré enfrentarme
a la caricia.

—lejos de esta casa—.

Caminará descalza por el suelo
y yo perseguiré sus pasos
sin decirle que se puede constipar.
No seré como ella.
Se llevará la tierra a la boca
y no le diré que las lombrices
crecerán en sus tripas.
La llevaré a la playa
y la dejaré jugar con la arena
y ensuciarse la ropa recién lavada.
Me hará preguntas.
Y mi abrazo será su respuesta.
Todavía no he encontrado la razón
de por qué traerla aquí.
La dejaré salir de noche
y le diré que tenga cuidado.
Que su cuerpo es solo suyo
y que si no se atreve a decir que no
la creeré como no lo hicieron conmigo.
Me olvidaré de mí.
Y esa será la razón
para ser
          solo con ella
para solo ser
               nosotras.

Bajo el crepitar intenso
de la luna
una mujer que no es
la mujer
sino una mujer
que se esconde
tras la boca del lobo
que aúlla a esa misma
luna
afirma
reconoce
que ella no es
como todas las demás.

Ella es la mujer perfecta
la que pasea sola,
la que contesta a todos los *whatsapps*,
la que compra libros a sus amigas
aunque deteste la poesía.

La mujer que acaricia a los galgos que no ahorcaron,
la que abraza a los cocodrilos hambrientos
para saciar su sed de hombres y los adopta
                                                    en casa.
La que acude a todas las manifestaciones del 8M.

La que jamás critica a sus semejantes por
feas, gordas e histéricas.

La que da la mano al mendigo
y se quita el pan de la boca para
que nunca sobren huesos donde lo que falta es
                                                    carne.
La mujer
que todos quieren que sea.
La que se maquilla de ocho a ocho.
La que usa faldas sin dobladillos.
La que decide una hora más,
un día más, una semana más,
una mamada más.
La que ríe aunque las lágrimas le ahoguen
                                                    por dentro.
La que sonríe en las fotografías.
La que tendrá cosas que contar a
sus hijas, sus nietas, sus bisnietas,
                                                    sus gatas.
La que llena los vasos de vino y cerveza
a todos los hombres de la casa.
La que limpia los azulejos del baño
después de ocho a ocho
sin quitarse el maquillaje ni los zapatos.

La mujer que es como todas las demás
sin ser consciente de ello.

Decir calle
y no decir casa.
Adiestrar el pensamiento,
que acalle el llanto sordo y eterno
de la niña y su estómago.
Temer al ladrido de los hombres
y al rugido de las motos
y a las puertas cerradas.
Querer encontrar la oscuridad
en la penúltima estrella.
Y en el sueño kilométrico de mi madre

respirar, tranquila.

La miro todavía como si no estuviera aquí. Como el primer día que llegué y barrí con el llanto cualquier rinconcito de alegría fingida. **La casa no es de quien la habita.** La casa no es de nadie y de nadie es la casa. Los muebles, la ropa, la decoración vieja no son más que adornos insignificantes. Collares que el hombre pone al perro. **Yo soy la perra de esta casa.** Nadie ha puesto mi nombre en el collar. No tengo nombre. Paseo por las calles de esta casa como una sombra que vaga haciéndose notar. **Estoy aquí, papá. Estoy aquí, mamá.** ¿Podéis verme? ¿Podéis oírme? Sigo viviendo aquí. **Esta sigue siendo mi casa** como también lo es vuestra.

Un uno de mayo de 2023 firmé mi primer contrato de alquiler. Un uno de mayo de 2023 logré salir de esta casa. Logré irme para quedarme sin partirme. Logré salir, sin collar y con una maleta a cuestas. Ahora construyo con mis manos el hogar que nunca tuve. Ya hay paredes, agua caliente y mantas para el invierno. La perra de esta casa es algo que ya fue. Pero la perra de esta casa siempre será quién yo fui y la que me hizo ser quien soy.

La niña que fui sonríe a la adulta que soy. Lo logramos. Abuela seguro que está orgullosa.

ÍNDICE